KB196188

미국주식 빅7,
10년 전 한 주를 샀더라면

10년 후 미래를 위한 빅테크 투자 가이드

CONTENTS

10년의 시간,
한 주의 기적

시간은 훌륭한 기업의 친구이자, 평범한 기업의 적이다.
— 워런 버핏

전 세계 모든 투자자들의 구루, 워런 버핏은 장기적인 관점에서 우수한 기업에 투자하는 것을 선호합니다. 그는 시간이 지날수록 좋은 기업은 경쟁력을 유지하며 성장하고, 그 결과로 가치가 상승한다고 믿습니다. 반면, 평범한 기업은 시간이 흐르면 경쟁에서 도태될 가능성이 높다고 봅니다.

장기 투자는 단기적인 시장 변동에 흔들리지 않고 기업의 본질적인 가치를 이해하며 꾸준히 수익을 얻는 방법입니다. 이 철학은 단순히 돈을 버는 것을 넘어, 경제와 산업의 변화를 이해하고 미래를 준비하는 지혜를 가르칩니다.

이제, 버핏이 말하는 훌륭한 기업이 시간을 친구 삼아 어떻게 기적과 같은 도약을 일구어 왔는지 함께 보시죠.

10년 전 주가와 누적 수익률

기업명(티커)	2015년 1월 02일 기준		2024년 12월 13일 기준		
	종가($)	주식 수	평가금액($)	주식 수	누적수익률(%)
알파벳(GOOGL)	530.66	1	3,804.35	20	617
테슬라(TSLA)	219.31	1	6,543.44	15	2,884
엔비디아(NVDA)	20.14	1	5,372.67	40	26,577
애플(AAPL)	109.33	1	992.52	4	808
메타 플랫폼스(META)	78.45	1	620.35	1	691
아마존닷컴(AMZN)	308.52	1	4,549.19	20	1,375
마이크로소프트(MSFT)	46.76	1	447.27	1	857
합계	1,462.86	7	22,329.79	102	1,458

상장일 주가와 누적 수익률

기업명(티커)	2015년 1월 02일 기준		2024년 12월 13일 기준		
	종가($)	주식 수	평가금액($)	주식 수	누적수익률(%)
알파벳(GOOGL)	100.34	1	7,510.66	40	7,485
테슬라(TSLA)	23.89	1	8,203.63	15	34,339
엔비디아(NVDA)	19.69	1	60,400.48	480	306,757
애플(AAPL)	29.00	1	56,035.53	224	193,226
메타 플랫폼스(META)	38.23	1	525.77	1	1,375
아마존닷컴(AMZN)	23.50	1	43,835.45	240	186,534

마이크로소프트(MSFT)	27.75	1	140,151.40	288	505,050
합계	262.40	7	316,662.92	1,288	120,579

상장일과 주식분할 현황

기업명(티커)	상장일	주식분할			
		총횟수	최근10년 횟수	최초 연월	최근 연월
알파벳(GOOGL)	2004.08	2	1	2014.04	2022.07
테슬라(TSLA)	2010.06	2	2	2020.08	2022.08
엔비디아(NVDA)	1999.01	6	2	2006.06	2024.06
애플(AAPL)	1980.12	5	1	1987.06	2020.08
메타 플랫폼스(META)	2012.05	0	0	-	-
아마존닷컴(AMZN)	1997.05	4	1	1998.06	2022.06
마이크로소프트(MSFT)	1986.03	9	0	1987.09	2003.02

—— 미리 익혀두기

주식분할이란? 현재의 주식 1주를 1개 이상으로 쪼갬으로써 주식 수를 늘리고, 이를 통해 1주당 가격을 다시 결정하는 방식입니다. 이때 기준이 되는 시가총액에는 변화가 없으며, 1주당 가격이 낮아져서 일반적으로 주식시장에서의 거래가 증가하는 효과를 가져옵니다.

이와 반대의 개념인 주식병합도 있습니다. 주식병합이란, 현재의 주식 1주를 다른 1주 이상과 합쳐서 주식 수를 줄이고, 이를 통해 1주당 가격을 다시 결정하는 방식입니다. 이때 기준이 되는 시가총액에는 변화가 없으며, 1주당 가격이 높아집니다. 일반적으로 거래소의 상장 조건을 맞추는 데 활용하는 방법입니다.

시즈널 지수란? 종목이 가지는 계절적 특성을 확인할 수 있는 지표입니다. 미국주식 퀀트분석 시스템인 뉴지랭크US에서 제공하며, 최근 10년간 일별 주가 변동 추이를 분석하여 연간 주가 추세를 이해하는 데 도움을 줍니다.

시즈널 지수는 뉴욕증권거래소와 나스닥에 상장된 모든 종목을 상대적으로 평가한 후 0부터 100 사이 값으로 표기하고 있으며, 절댓값으로 인지하기보다는 상대적인 위치로 이해하는 것이 바람직합니다.

뉴지랭크US 바로가기 http://us.newsystock.com

02

알파벳(구글):
검색과 AI의 선두주자

> 주식은 복권이 아니다. 모든 주식에는 회사가 붙어 있다.
> — 피터 린치

10년 전 1주를 샀더라면 2015년 1월 2일 알파벳구글의 종가는 530.66달러였는데요, 종가로 매수해서 현재까지 1주를 그대로 가지고 있다면 어떻게 되었을까요2024년 12월 13일 기준? 계좌에는 알파벳 주식이 1개가 아닌 20개가 들어 있고, 평가금액은 자그마치 3,804.35달러로 불어나 있을 거예요. 그리고 이를 수익률로 따져보면 +617%로, 무려 7배가 넘는답니다. 같은 기간 미국의 대표 지수인 S&P500의 수익률이 +194%니까 S&P500보다 무려 3배 이상 상승한 거죠.

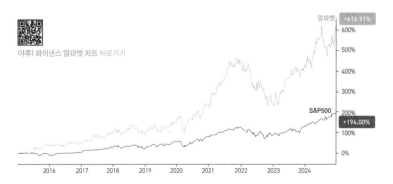

야후! 파이낸스 알파벳 차트 바로가기

그럼 상장한 날 알파벳 1주를 구입한 경우를 가정해 보겠습니다. 1998년 10월 4일 설립된 구글은 6년 후인 2004년 8월 19일 나스닥에 상장했습니다. 상장한 지도 벌써 20년이 넘었네요. 당시 상장을 위해 결정된 가격은 85달러였고, 상장한 날 +18.05% 크게 오르면서 100.34 달러로 마감했어요

상장일 종가 100.34달러에 구글 1주를 매수해서 현재까지 보유하고 있다면, 계좌에는 알파벳 주식 40개와 함께 7,510.66달러가 담겨 있을 겁니다 2024년 12월 13일 기준. 계산해 보면 7,485% 상승한 것으로, 무려 75배 이상 오른 거죠.

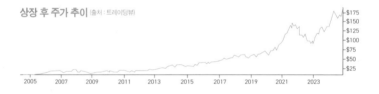

상장 후 주가 추이 [출처 : 트레이딩뷰]

어쨌든 주식 가격이 상승한 건 이해가 가는데, 주식 수가 늘어난 건 어떻게 된 일일까요?

구글은 상장 이후 2014년 4월과 2022년 7월, 이렇게 두 차례 주식분할을 실시했는데요, 2014년에는 1주를 2주로 분할했고, 2022년에는 1주를 20주로 분할했답니다.

그래서 10년 전에 구글 1주를 매수했다면 지금 계좌에 구글 20주가 담겨 있고, 상장 당시 구글 1주를 매수했다면 현재 계좌에 구글 40주

가 담겨 있는, 그야말로 놀라운 상황을 눈으로 확인할 수 있습니다.

과거의 성과가 미래의 주가를 담보하지는 않지만 생성형 AI 모델인 제미나이 2.0과 양자컴퓨팅 칩인 윌로우 출시로 AI와 양자컴퓨팅 분야에 새로운 판을 제시하며 선도적인 입지를 다지기 시작한 알파벳의 모습에서 우리 아이의 자산을 키워갈 좋은 기회가 보이지 않으세요?

그렇다면 언제 주식을 사면 좋을까? 한 해 동안 알파벳의 주가는 언제 오르고 언제 떨어질까요? 알파벳 주가의 흐름을 연간 단위로 따져보겠습니다.

최근 10년간 일별 주가 흐름을 연간 단위로 분석한 시즈널 지수를 통해 알파벳의 주가를 살펴보면 다음 그림과 같은데요. 월별로 살펴보면, 연중 주가가 가장 높은 때는 12월 말이고, 가장 낮은 때는 3월 말이며, 3월부터 12월까지 상승흐름이 계속되는 모습을 확인할 수 있습니다.

그리고 분기 단위로 살펴보면, 1분기에는 약한 흐름을 기록한 이후 2분기에 접어들면서 조금 반등하는 양상이죠. 이어 3분기에 접어들면서 급등하고, 이후 4분기까지 꾸준한 상승세를 보이고 있답니다.

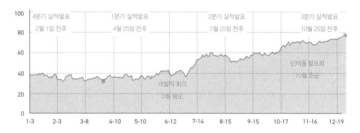

최근 10년간 일별 주가의 연간 추이 (출처 : 뉴지랭크US)

여기에 알파벳의 주요 이벤트 시점을 더해 살펴볼까요?

연간 기준으로 알파벳은 일반 기업들과 동일하게 4번의 실적 발표와 함께 연례 개발자 회의Google I/O Developer Conference와 신제품 발표회를 진행하는데요, 이들 6번의 이벤트 전후로 주가가 변동성을 나타내고 있습니다.

상반기 두 차례 실적 발표 때에는 주가에 별다른 움직임이 없는 반면에 하반기 실적 발표 때에는 주가의 상승 움직임이 나타납니다. 개발자 회의와 신제품 발표회의 경우에도 이벤트 이후 주가가 상승세를 타는 모습이 확인되고요.

지금부터 구글에 투자한다면, 이렇게 데이터에 기반한 분석을 바탕으로 투자 시점을 결정하는 것도 좋은 방법이랍니다.

03

테슬라:
전기차와 우주를 향한 꿈

> 장기적으로 뛰어난 투자성적을 얻으려면 단기적으로 나쁜 성적을 견뎌내야 한다.
> — 찰리 멍거

10년 전 1주를 샀더라면 2015년 1월 2일 테슬라의 종가는 219.31달러 였는데요. 당시에 1주 매수해서 매도하지 않고 그대로 가지고 있다면, 계좌에는 테슬라 주식이 1개가 아닌 15개와 함께 무려 6,543.35달러가 들어 있을 겁니다2024년 12월 13일 기준. 이를 수익률로 따지면 +2,883%로 자 그마치 29배가 넘고요. 더불어 같은 기간 S&P500의 수익률 +194%와 비교하면 15배 가까이 급등한 것이고, 앞서 알파벳의 수익률과 비교해 도 5배 가까운 격차를 보인답니다.

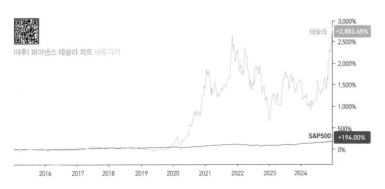

야후! 파이낸스 테슬라 차트 바로가기

그럼 상장한 날 테슬라 1주를 매수하고 그대로 보유한 경우를 생각해 볼까요? 2003년 7월 1일 설립된 테슬라는 7년만인 2010년 6월 29일 나스닥에 상장했습니다. 어느새 상장한 지 15년차가 되었는데요. 당시 상장을 위해 결정된 가격은 17달러였고, 상장한 날 +40.53% 급등하면서 23.89달러로 마감했죠.

상장일 종가 23.89달러에 테슬라 1주를 매수해서 현재까지 보유하고 있다면, 계좌에는 테슬라 주식 15개와 함께 8,203.63달러가 담겨 있을 겁니다2024년 12월 13일 기준. 계산해 보면 34,339% 상승한 것으로, 무려 344배 넘게 올랐고, 알파벳의 수익률보다도 4.5배 이상 높네요.

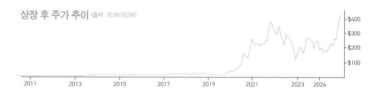
상장 후 주가 추이 (출처 : 트레이딩뷰)

주식 가격이 엄청나게 상승한 건 그렇다 해도, 주식 수가 늘어난 건 무슨 일 때문일까요?

테슬라도 구글과 같이 상장 이후 2020년 8월과 2022년 8월, 이렇게 두 차례 주식분할을 실시했습니다. 다만 2020년에 1주를 5주로 분할하고, 얼마 뒤인 2022년에 1주를 3주로 분할하면서 10년 전 테슬라 1주를 매수했어도 15주, 상장 당시에 테슬라 1주를 매수했어도 15주가 담기게 된 거죠.

과거의 성과로 미래의 주가를 예측할 수는 없지만 전기자동차, AI, 우주항공 등 일론 머스크가 관여하고 추진하고 있는 모든 사업 부문에서 트럼프 2기 행정부의 출범과 함께 가장 큰 수혜를 받게 될 것이 자명한 상황입니다.

그렇다면 언제 주식을 사면 좋을까? 다음으로 한 해 동안 테슬라의 주가는 언제 오르고 언제 떨어지는지, 그 흐름을 연간 단위로 분석해 보겠습니다.

최근 10년간 일별 주가 흐름을 연간 단위로 분석한 시즈널 지수를 통해 테슬라의 주가를 살펴보면 아래 그림과 같은데요.

월 단위로, 연중 주가가 가장 높은 때는 12월 하순이고, 가장 낮은 때는 5월 중순이며, 1월과 5월 그리고 8월과 10월을 제외하면 대체로 상승 흐름을 이어가는 모습을 확인할 수 있습니다.

분기 단위로는, 1분기 상승세가 2분기 중반에 급격히 꺾인 다음, 빠르게 반등한 후 3분기 내내 변동성을 보이죠. 이어 4분기 초반 하락세를 보이지만 11월 초 다시 급등 양상을 나타낸 후 연말까지 강세 기조를 유지합니다.

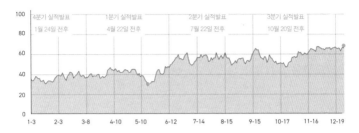

최근 10년간 일별 주가의 연간 추이 (출처 : 뉴지랭크US)

여기에 테슬라의 주요 이벤트 시점을 더해 생각해 보죠.

연간 기준으로 테슬라는 일반 기업들과 같이 4회의 실적 발표뿐만 아니라 불특정 시점에 연 1회 이상의 특별 행사를 진행하는데요, 이들 이벤트 전후로 주가가 상당한 변동성을 나타냅니다.

1분기 실적을 발표하는 4월 말을 제외한 세 차례 분기 실적 발표 후에는 주가가 상승하는 경향이 확인되는데요. 다만 2020년 이후 진행된 배터리 데이와 AI 데이 그리고 로보택시 이벤트의 경우에는 행사 전 주가가 크게 상승한 뒤 이벤트 진행과 함께 주가가 크게 하락하는 모습을 보여왔다는 점도 꼭 기억해 둬야 하겠습니다.

새로이 테슬라에 투자한다면, 이상과 같이 데이터에 기반한 분석을 바탕으로 투자 기간을 설정하는 것도 객관적인 투자 전략의 한 방법이랍니다.

04

엔비디아:
AI의 두뇌

> 주식 시장은 참을성 없는 사람에게서 참을성 있는 사람에게 돈을 옮기는 장치다.
>
> — 워런 버핏

10년 전 1주를 샀더라면 2015년 1월 2일 엔비디아의 종가는 20.14달러였습니다. 이때 종가로 매수한 주식을 그대로 가지고 있다면, 계좌에는 엔비디아 주식 40개가 들어 있을 겁니다2024년 12월 13일 기준. 그리고 5,372.67달러가 찍혀있을 거예요. 수익률로 따져보면 +26,576%가 넘어 자그마치 266배 이상 불어난 거죠. 같은 기간S&P500 수익률 +194%보다 137배 가까이 상승한 것이고, 같은 기간 테슬라보다도 9배 넘게 상승했답니다.

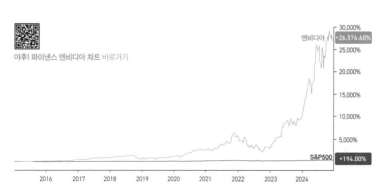

야후! 파이낸스 엔비디아 차트 바로가기

그럼 상장 당시 엔비디아 1주를 매입한 경우를 추정해 보죠. 1993년 4월 5일 설립된 엔비디아는 6년 후인 1999년 1월 22일 나스닥에 상장했습니다. 상장 후 26년이 다 되었군요. 상장을 위해 결정된 가격은 12달러였고, 상장한 날 +64.08% 폭등하면서 19.69달러로 마감했고요.

상장일 종가 19.69달러에 엔비디아 1주를 사서 그대로 보유 중이라면, 계좌에 엔비디아 주식 480개와 평가금액 60,400.48달러가 담겨 있을 겁니다_{2024년 12월 13일 기준}. 수익률이 306,757%, 무려 3,068배나 뛰어올랐습니다. 이렇게 놀라운 수익률은 테슬라가 같은 기간 거둔 34,339%의 수익률에 9배에 달하고요.

상장후 주가 추이 (출처 : 트레이딩뷰)

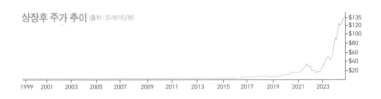

기가 막힌 주가 상승률도 상승률이지만, 엔비디아는 주식분할을 여섯 번이나 실시했답니다.

가장 먼저 2000년 6월과 2001년 9월, 다음으로 2006년 4월과 2007년 9월, 최근에는 2021년 7월과 2024년 6월에 시행했는데요. 처음부터 세 번째까지는 1주를 2주로 분할했고, 네 번째에는 2주를 3주로 분할했죠. 그리고 다섯 번째에는 1주를 4주로 분할했고, 여섯 번째에는 1주를 10주로 쪼갰습니다.

그래서 엔비디아 1주를 10년 전 매수했다면 40주, 상장 당시 매수했다면 480주가 계좌에 담겨 있게 되는 것이죠.

미래의 주가는 아무도 알 수 없습니다. 행여 타임머신으로 시간여행이 가능하다면 모를까요? 하지만 AI 시대를 이끌고 있는 젠슨 황 CEO의 이야기처럼 AI는 이제 시작에 불과합니다. 본격적인 AI 시대를 준비하고 있는 글로벌 기업들의 경쟁 속에서 유일하게 곡괭이를 만들어 팔고 있는 엔비디아라는 기업에 대해 유심히 살펴봐야 하지 않을까요?

그렇다면 언제 주식을 사면 좋을까? 한 해 동안 엔비디아 주가의 상승과 하락에는 어떤 특정한 패턴이 나타날까요? 최근 10년간 일별 주가 흐름을 연간 단위로 분석한 시즈널 지수를 통해 엔비디아의 주가를 살펴보면 다음 그림과 같은데요.

월간 단위로 살펴보면, 연중 주가가 가장 높은 때는 12월 초이고, 가장 낮은 때는 3월 중이며, 1월 중순부터 6월 중순까지 그리고 8월 초순부터 9월 중순까지 가파른 상승 흐름을 나타냅니다. 10월 한 달간 약보합세를 보이지만 이후 재차 강한 상승세가 이어지고요.

분기 단위로 살펴보면, 1분기부터 2분기까지는 분기 중후반에 상승 흐름을 나타낸 후 3분기 초반에 하향세를 기록합니다. 이후 다시 반등하여 4분기 초반에 보합 수준을 나타내다가 4분기 중반부터 강한 상승세를 보이며 연말까지 기세를 이어가죠.

최근 10년간 일별 주가의 연간 추이 (출처 : 뉴지랭크US)

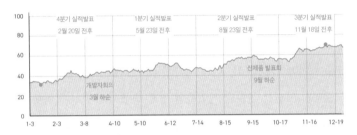

여기에 엔비디아의 주요 이벤트 시점을 반영해 살펴보겠습니다.

연간 기준으로 엔비디아는 4번의 실적 발표에 더해 연례 개발자 회의Developer Conferences, NVIDIA GTC 와 신제품 발표회를 진행하는데요, 연례 개발자 회의에서는 상반기 신제품 발표회가 함께 열립니다. 그리고 각 이벤트 전후로 주가가 변동성을 나타내고 있습니다.

매분기 실적 발표 시점에 임박하면 기대감 속에 주가가 상승하는 경향이 나타나고, 실적 발표 후 단기적으로 차익 실현 양상이 감지됩니다. 반면 4분기와 2분기 실적 발표 약 1개월 후에 진행되는 연례 개발자 회의와 신제품 발표회가 이후 주가 상승세를 이끄는 촉매제 역할을 하는 것으로 보여지고요.

엔비디아에 투자한다면, 이렇듯 데이터에 기반한 분석을 통해 매수와 매도 시점을 결정하는 건 어떨까요?

05

애플:
혁신의 상징

시장이 격랑에 휩싸여도 항로를 유지하라.

— 존 보글

10년 전 1주를 샀더라면 2015년 1월 2일 애플의 종가는 109.33달러였는데요, 종가로 매수해서 1주를 그대로 가지고 있다면2024년 12월 13일 기준, 계좌에는 애플 주식이 1개가 아닌 4개가 들어 있고, 평가금액은 자그마치 992.52달러로 불어나 있을 겁니다. 수익률로는 807%, 무려 9배 상승한 셈이죠. 같은 기간 미국의 대표 지수인 S&P500 수익률 +194% 대비해서는 4배 이상 상승한 것이고요.

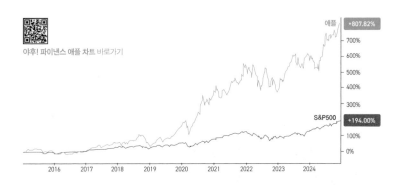

야후! 파이낸스 애플 차트 바로가기

그럼 상장한 날 애플 1주를 구입한 경우를 가정해 볼까요? 1976년 4월 1일 설립된 알파벳은 4년 후인 1980년 12월 12일 나스닥에 상장 했습니다. 어느덧 상장한 지 44년이란 세월이 흘렀네요. 당시 상장을 위해 결정된 가격은 22달러였고, 상장한 날 +31.82% 급등하면서 29달 러로 마감했어요.

상장일 종가 29.00달러에 1주를 매수해서 현재까지 보유하고 있다 면, 계좌에는 애플 주식 224개와 함께 56,035.53달러가 담겨 있을 겁 니다2024년 12월 13일 기준. 수익률을 계산해 보면 193,225%, 1,933배나 어마 무시하게 오른 거죠.

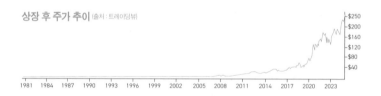

상장 후 주가 추이 (출처 : 트레이딩뷰)

1주가 224주가 되는 마법 같은 일이 실제로 있다는 사실을 보여준 애플, 44년간 몇 번의 주식분할이 있었을까요?

애플은 상장 이후 총 다섯 번의 주식분할을 실시했습니다. 1987년 6 월, 1주를 2주로 분할한 것을 시작으로 2000년 6월과 2005년 2월에 각각 1주를 2주로 분할했죠. 이어 2014년 6월에는 1주를 7주로 분할했 고, 지난 2020년 8월에는 1주를 4주로 분할했답니다.

그래서 10년 전에 애플 1주를 매수했다면 지금 계좌에 애플 4주가 담겨 있고, 상장 당시 애플 1주를 매수했다면 현재 계좌에 애플 224주가 담겨 있는, 꿈 같은 현실을 실제로 확인할 수 있습니다.

제가 자주 하는 이야기로, '세상에서 제일 쓸데없는 걱정 두 가지'가 있습니다. 하나는 연예인 걱정이고, 다른 하나는 애플 걱정입니다. 그만큼 애플 투자에 대해서는 걱정할 필요가 없다는 뜻이기도 하고, 자꾸 새로운 종목을 찾아 헤맬 필요도 없다는 의미랍니다.

그렇다면 언제 주식을 사면 좋을까? 한 해 동안 애플의 주가는 언제 오르고 언제 떨어질까요? 애플 주가의 흐름을 연간 단위로 따져보겠습니다.

최근 10년간 일별 주가 흐름을 연간 단위로 분석한 시즈널 지수를 통해 애플의 주가를 살펴보면 다음 그림과 같은데요.

월별로 살펴보면, 연중 주가가 가장 높은 때는 12월 초이고, 가장 낮은 때는 1월 말이며, 2월 초부터 11월 말까지 상승세가 꾸준하다는 점을 확인할 수 있습니다.

그리고 분기 단위로 살펴보면, 1분기 약보합세를 기록한 이후 2분기부터 4분기까지 꾸준한 상승세를 나타내는데요, 3분기 말에는 차익 실현 양상이 두드러집니다.

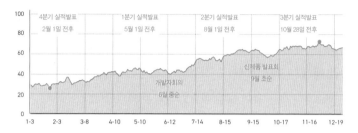

최근 10년간 일별 주가의 연간 추이 (출처 : 뉴지랭크US)

여기에 애플의 주요 이벤트 시점을 더해 살펴볼까요?

연간 기준으로 애플은 4회의 실적 발표와 함께 연례 개발자 회의 Worldwide Developers Conference, WWDC와 신제품 발표회를 각각 진행하는데요. 이들 6번의 이벤트 전후로 주가가 변동성을 나타내고 있습니다.

연초 부진한 애플의 주가는 4분기 실적 발표 이후 반등하는 반면, 1분기 실적 발표와 개발자 회의 전후로는 차익 실현 속 대체로 약세를 보입니다. 곧이어 신제품 발표회에 대한 기대감으로 상승하는데요. 발표 당일에는 주가가 하락하는 경우가 많지만, 10월부터 3분기 실적 발표를 거쳐 12월 초까지는 강한 상승세가 나타나고 있답니다.

지금부터 애플에 투자한다면, 바로 적립식으로 꾸준히 모아가는 것이 가장 현명한 방법이 아닐는지요.

06

메타 플랫폼스:
미래 소셜 네트워크의 중심

투자는 지능과 통찰력 혹은 기법의 문제가 아니라, 원칙과 태도의 문제다.
― 벤자민 그레이엄

10년 전 1주를 샀더라면 메타 플랫폼스이하 메타의 2015년 1월 2일 종가는 78.45달러였는데요. 당시에 1주 매수해서 매도하지 않고 현재까지 가지고 있다면, 계좌에는 메타 1주와 620.35달러가 들어 있을 겁니다 2024년 12월 13일 기준. 이를 수익률로 따지면 +690%, 다시 말해 8배 가까이 상승한 것으로, 빅7 중에서는 알파벳구글 다음으로 작은 상승폭이랍니다. 더불어 같은 기간 미국의 대표 지수인 S&P500의 수익률+194%과 비교하면 3배 이상 상승했네요.

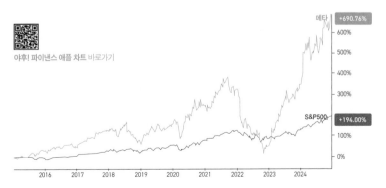

야후! 파이낸스 애플 차트 바로가기

그럼 상장한 날 메타 1주를 매수하고 그대로 보유한 경우를 생각해 볼까요? 빅7 중 가장 늦은 2004년 1월 4일 설립되어 8년 만인 2012년 5월 18일 나스닥에 상장한 메타, 어느덧 상장한 지 13년차가 되었는데요. 상장을 위해 결정된 가격은 38달러였고, 상장한 날 +0.61% 강세 흐름 속에 38.23달러로 마감해 빅7 중 가장 낮은 상장일 주가 상승률을 기록하기도 했죠. 상장일 종가 38.23달러에 메타 1주를 매수해서 현재까지 보유하고 있는 계좌에는, 메타 주식 1개와 525.76달러가 담겨 있을 겁니다2024년 12월 13일 기준. 계산해 보면 1,375% 상승한 것으로, 14배 넘게 올랐고, 빅7 중에서는 가장 적게 올랐네요.

상장 후 주가 추이 (출처 : 트레이딩뷰)

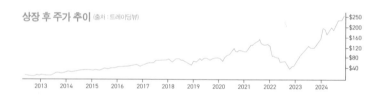

메타는 빅7 중 유일하게 주식분할을 실시하지 않았습니다. 그만큼 주가 상승률이 높지 않았다는 의미일 수도 있겠죠.

하지만 2024년 들어 주가 상승세가 빅7 을 압도할 정도로 강력한데, 지속적인 실적 성장에 의해 주가의 추가 상승이 계속된다면 머지않은 시점에 주식분할을 기대해 볼만하겠네요.

메타는 전통적으로 국내 투자자들에게 무관심의 대상이었습니다.

하지만 소셜 미디어 부문에서 타의 추종을 불허하는 위치를 점하고 있는 가운데 생성형 AI를 활용한 광고 매출 확대와 인스타그램 내 릴스의 광고 매출 본격화 그리고 AR·VR·MR을 활용한 서비스 실용화 등을 고려한다면 메타의 주가는 지금도 비싸지 않다는 생각이 듭니다. 독자 여러분은 어떠신가요?

그렇다면 언제 주식을 사면 좋을까? 한 해 동안 메타의 주가는 언제 오르고 언제 떨어지는지 메타의 주가 흐름을 연간 단위로 분석해 보겠습니다.

최근 10년간 일별 주가 흐름을 연간 단위로 분석한 시즈널 지수를 통해 메타의 주가를 살펴보면 아래 그림과 같은데요.

월간 단위로, 연중 주가가 가장 높은 때는 12월 하순이고, 가장 낮은 때는 1월 중순이며, 1월부터 12월까지 꾸준한 상승세를 확인할 수 있습니다.

분기 단위로는, 연초부터 2분기 중반까지 강보합 양상을 나타낸 후 급등 기조로 전환해 3분기 중반까지 크게 상승합니다. 3분기 후반 차익 매물이 출회되며 약세를 보이다가 4분기에는 다소 변동성을 동반하면서 연말까지 강세 기조를 이어가죠.

최근 10년간 일별 주가의 연간 추이 (출처 : 뉴지랭크US)

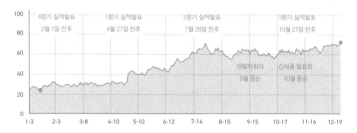

여기에 메타의 주요 이벤트 시점을 더해 생각해 보죠.

연간 기준으로 메타는 4회의 실적 발표뿐만 아니라 9월과 10월에 연례 개발자 회의Developer Conferences, Meta Connect와 신제품 발표회를 연달아 진행하는데요. 주가에 상당한 변동성을 제공하는 이벤트는 1분기와 2분기 실적 발표입니다.

1분기 실적 발표 전후 급등해 2분기 실적 발표 때까지 큰 폭의 주가 상승세를 확인할 수 있는데, 개발자 회의와 신제품 발표회 또한 단기적으로 주가 변동성에 영향을 주고 있네요. 반면 3분기와 4분기 실적 발표는 주가 방향성에 큰 영향을 미치지 않는 것으로 보여집니다.

새로이 메타에 투자한다면, 이상의 데이터를 바탕으로 장기적인 관점에서 자신만의 투자 전략을 세우기를 권합니다.

07

아마존:
쇼핑과 클라우드의 왕

주식 투자에서 볼 수 있는 가장 큰 손해는 훌륭한 회사를 너무 일찍 파는 것에서 비롯된다.
— 필립 피셔

10년 전 1주를 샀더라면 2015년 1월 2일, 아마존닷컴이하 아마존의 종가는 308.52달러였습니다. 이때 종가로 매수한 주식을 현재까지 그대로 가지고 있다면, 계좌에는 아마존 주식 20개가 들어 있을 겁니다2024년 12월 13일 기준. 그리고 4,549.19달러가 찍혀 있을 거예요. 수익률로 따져보면 +1,374%로, 무려 15배 가까이 불어난 거죠. 같은 기간 미국의 대표 지수인 S&P500 수익률 +194%보다 8배 넘게 상승한 것이고, 같은 기간 알파벳구글의 수익률보다는 2배 이상 상승했답니다.

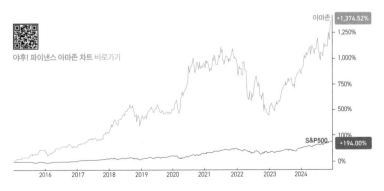

야후! 파이낸스 아마존 차트 바로가기

그럼 상장 당시 아마존 1주를 매입한 경우를 추정해 보죠. 1994년 7월 5일 설립된 아마존은 6년 후인 1997년 5월 15일 나스닥에 상장했습니다. 상장 후 27년이 훌쩍 흘렀네요. 상장을 위해 결정된 가격은 18달러였고, 상장한 날 +30.56% 급등하면서 23.50달러로 마감했고요.

상장일 종가 23.50달러에 아마존 1주를 사서 그대로 보유 중이라면, 계좌에 아마존 주식 240개와 평가금액 43,835.45달러가 담겨 있을 겁니다<small>2024년 12월 13일 기준</small>. 수익률이 186,533%, 무려 1,866배나 뛰어올랐죠. 같은 기간 거둔 메타 플랫폼스의 수익률 1,375%의 136배에 달하고요.

상장 후 주가 추이 (출처 : 트레이딩뷰)

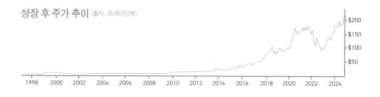

빅7 상장 후 네 번째로 높은 수익률을 기록한 아마존은 주식분할을 네 차례 실시했답니다.

앞서 세 차례는 20세기에 실시했는데요. 상장 1년 후인 1998년 6월에 1주를 2주로 분할, 7개월 뒤인 1999년 1월에 1주를 3주로 분할, 8개월 후인 1999년 9월에 1주를 2주로 분할했죠. 그리고 나머지 한 차례는 지난 2022년 6월에 실시해서 1주를 20주로 쪼갰습니다.

그래서 아마존 1주를 10년 전 매수했다면 20주 그리고 상장 당시 매수했다면 240주가 계좌에 담겨 있게 되는 것이죠.

아마존은 빅7 중 AI에 대한 준비가 가장 늦었습니다. 그러나 생성형 AI 스타트업인 엔트로픽에 40억 달러를 투자하고, 자체 AI 반도체 개발을 서두르는 등 가장 빠르고 과감함 대응으로 시장의 놀라움을 자아내고 있답니다.

머지않아 AI 칩 개발은 물론 전자상거래 사업 부문과 AWS 사업 부문 모두에서 괄목할 만한 성과를 나타낼 아마존. 우리 아이 포트폴리오에도 조금씩 담아보는 건 어떨까요?

그렇다면 언제 주식을 사면 좋을까? 한 해 동안 아마존 주가에는 어떤 상승과 하락 등의 특정한 패턴이 나타날까요? 아마존 주가의 흐름을 연간 단위로 살펴보겠습니다.

최근 10년간 일별 주가 흐름을 연간 단위로 분석한 시즈널 지수를 통해 아마존의 주가를 살펴보면 밑에 그림과 같은데요.

월별로 살펴보면, 연중 주가가 가장 높은 때는 11월 말이고, 가장 낮은 때는 2월 말이며, 3월 초순부터 11월 하순까지 상승세가 꾸준한 상황입니다.

이어서 분기 단위로 살펴보면, 1분기 중순까지 하락세를 보이지만 바로 반등, 2분기 중순과 3분기 중순에 각각 차익실현으로 일시 약세를 보인 후 3분기 말까지는 강세를 시현하죠. 이어 4분기 중순까지 약보합세를 나타내고, 다시금 상승 흐름으로 전환한답니다.

최근 10년간 일별 주가의 연간 추이 (출처 : 뉴지랭크US)

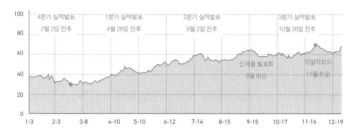

여기에 아마존의 주요 이벤트 시점을 반영해 살펴보겠습니다.

연간 기준으로 아마존은 4번의 실적 발표에 더해 신제품 발표회와 연례 개발자 회의Developer Conferences, AWS re:Invent를 진행하는데요. 각 이벤트 전후로 주가가 변동성을 나타내고 있습니다.

4분기와 2분기 실적을 발표하는 구간에서는 차익매물이 출회되는 경향이 나타나고, 1분기와 3분기 실적을 발표하는 구간에서는 상승하는 양상이 감지됩니다. 그리고 신제품 발표회와 개발자 회의를 앞두고는 기대감과 함께 직전 실적 발표 후 강세가 이어지다가 이벤트 시점에 약세로 전환하는 모습이네요.

이제부터 아마존에 투자한다면, 이상의 데이터에 기반하여 매매 시점을 결정하는 건 어떨까요?

08

마이크로소프트:
디지털 생산성의 미래

> 투자의 핵심은 개별회사의 경쟁 우위를 평가하고
> 그 우위가 얼마나 지속적일지를 판단하는 것이다.
> — 워런 버핏

10년 전 1주를 샀더라면 2015년 1월 2일, 마이크로소프트의 종가는 46.76달러였는데요. 종가로 매수해서 현재까지 1주를 그대로 가지고 있다면, 계좌에는 마이크로소프트 주식 1개와 447.27달러가 들어 있을 겁니다2024년 12월 13일 기준. 수익률은 +856%로 10배 가까이 불어나 있겠죠. 같은 기간 미국의 대표 지수인 S&P500이 +194% 상승한 것과 비교하면 4배 이상 상승했고, 알파벳과 비교하면 1.4배 더 상승했네요.

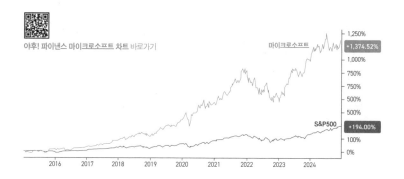

아후! 파이낸스 마이크로소프트 차트 바로가기

그럼 상장한 날 마이크로소프트 1주를 구입한 경우를 가정해 보겠습니다. 1975년 4월 4일 설립된 마이크로소프트는 11년 후인 1986년 3월 13일 나스닥에 상장했습니다. 그러고보니 설립한 지 50년, 상장한 지 40년이 다 되어가는군요! 상장을 위해 결정된 가격은 21달러였고, 상장한 날 +32.14% 급등하면서 27.75달러로 마감했어요.

상장일 종가 27.75달러에 마이크로소프트 1주를 매수해서 현재까지 보유하고 있다면, 계좌에는 마이크로소프트 주식 288개와 함께 140,151.40달러가 담겨 있을 겁니다 2024년 12월 13일 기준. 계산해 보면 +505,050% 상승한 것으로, 무려 5,051배 이상 오른 거죠. 빅7 중 가장 크게 오른 수치입니다.

상장 후 주가 추이 (출처 : 트레이딩뷰)

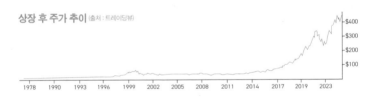

마이크로소프트는 상장 이후 현재까지 빅7 중 가장 많은 총 9차례의 주식분할을 실시했습니다.

상장 이듬해인 1987년 9월에 처음 분할한 이래 1990년대에 일곱 차례의 주식분할을 진행했고, 마지막 9번째 주식분할은 지난 2003년 2월에 시행했답니다.

참고로 1990년대 주식분할 시점은 1990년 4월, 1991년 6월, 1992년

6월, 1994년 5월, 1996년 12월, 1998년 2월, 1999년 3월입니다. 그리고 9번 중 7번은 1주를 2주로 분할했고, 1991년 6월과 1992년 6월에는 2주를 3주로 분할했네요.

그래서 10년 전에 마이크로소프트 1주를 매수했다면 지금도 계좌에 마이크로소프트 1주가 담겨 있을 것이고, 상장 당시 1주를 매수했다면 현재 계좌에 288주가 담겨 있을 겁니다. 1주도 매도하지 않았다면 말이죠.

오픈AI에 대한 과감한 투자와 재빠른 협력을 통해 전 세계 사람들의 머릿 속에 'AI 선도 기업'이라는 인식을 심어준 마이크로소프트. 최근에 다른 빅테크 기업들의 추격으로 다소 정체되고 밀리는 듯한 양상을 보이기도 하지만, 2024년 빅7 중 가장 많은 AI 칩을 구매하여 데이터 센터를 강화하고, 자체 AI 모델인 코파일럿을 통해 AI 사용자 저변을 극대화함으로써 AI 선도 기업으로 자리매김할 태세랍니다.

그렇다면 언제 주식을 사면 좋을까? 한 해 동안 마이크로소프트의 주가는 언제 오르고 언제 떨어질까요? 마이크로소프트 주가의 흐름을 연간 단위로 따져보겠습니다.

최근 10년간 일별 주가 흐름을 연간 단위로 분석한 시즈널 지수를 통해 마이크로소프트의 주가를 살펴보면 다음 그림과 같은데요.

월 단위로, 연중 주가가 가장 높은 때는 11월 초이고, 가장 낮은 때는

3월 초이며, 3월부터 12월까지 지속 상승하는 모습을 확인할 수 있습니다.

분기 단위로는, 1분기에 하락세를 기록한 이후 2분기부터 4분기까지 등락을 반복하며 상승하죠. 3분기 말에 차익 매물이 다소 출회된 후 4분기 접어들면서 급격한 상승 흐름을 기록하며 중반까지 계속, 그리고 연말까지 일부 차익 실현이 발생한 가운데 강세를 유지한답니다.

최근 10년간 일별 주가의 연간 추이 (출처 : 뉴지랭크US)

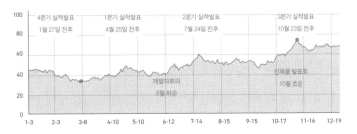

여기에 마이크로소프트의 주요 이벤트 시점을 더해 살펴볼까요?

연간 기준으로 마이크로소프트는 일반 기업들과 동일하게 4번의 실적 발표와 연례 개발자 회의Microsoft Build 그리고 신제품 발표회를 시행하는데요, 이들 6번의 이벤트 전후로 주가가 변동성을 나타내고 있습니다.

마이크로소프트는 1월과 4월 그리고 7월에 시행하는 실적 발표 이후로 주가가 하방 압력을 받는 특성을 나타냅니다. 반면 10월 실적 발표 이후에는 상승 흐름이 일부 계속되는 모습이고요. 그리고 개발자 회의와 신제품 발표회는 이후 실적 발표 시점까지 주가 상승의 모멘텀으로 작용하고 있네요.

지금부터 마이크로소프트에 투자한다면, 데이터를 기반으로 실적 발표 기간을 활용하는 전략을 수립하여 적용해 봐도 나쁘지 않을 듯합니다.

09

자녀와 함께
빅7을 공부해야 하는 이유

항상 역사에서 배우라.
— 찰리 멍거

빅7은 단순히 기술과 서비스를 제공하는 기업들이 아닙니다. 이들은 우리 아이들이 살아갈 미래를 만들어가는 설계자들이죠. 이 기업들을 이해하는 것은 곧 미래를 이해하고 준비하는 것과 같습니다. 지금 우리가 이들에 주목해야 하는 이유는, 그들이 단순히 성공적인 기업이기 때문만이 아니라, 이미 우리 삶에 깊숙이 영향을 미치고 있기 때문입니다.

이들이 일으키는 혁신은 기술이나 서비스 그 이상을 의미합니다. 그들이 만들어가는 변화는 일상에서 우리가 경험하는 모든 것에 영향을 미치며, 새로운 산업을 탄생시키고 기존의 산업을 재편성하는 힘을 가지고 있습니다. 이들은 기술, 경제, 사회적 흐름을 주도하며, 그 영향력은 날로 커지고 있죠.

따라서 빅7에 대한 투자는 단순한 재정적 선택을 넘어서, 미래를 준비하는 중요한 결정이 됩니다. 우리는 이 기업들이 만들어가는 미래를 함께 맞이하게 될 것이기 때문입니다. 이들의 이야기를 들여다보고 그들이 만들어가는 혁신의 물결에 동참하는 것은, 경제적 기회를 넘어서 인류가 살아갈 미래에 대한 깊은 통찰을 얻는 과정이기도 합니다.

지금까지 이 책에서 설명드렸듯, 10년 전에 지금을 위한 기회가 있었습니다. 마찬가지로, 지금 이 순간에도 10년 후를 위한 새로운 기회가 존재할 수 있습니다. 10년 후, 우리와 우리 자녀 세대에게 다가올 미래를 그려보며, 그 미래를 설계하는 기업에 주목해야 하는 이유가 바로 이것입니다.

앞으로 세상에서 타고난 지능보다 중요한 것은 바로 '통찰력'이 될 것입니다. AI와 함께 일하는 근미래에 인간만이 갖출 수 있는 경쟁력이 바로 이 통찰이기 때문이죠. 자녀와 함께 세상의 변화를 관찰하고, 투자를 공부하는 것은 바로 그런 통찰력과 미래를 준비할 능력을 키우는 중요한 과정입니다. 또한 부모와 자녀가 함께 성장하며 공유할 수 있는 가장 소중한 유산이 될 것입니다.

미래를 준비하고 세상을 이해하는 데 필요한 핵심적인 통찰력은 바로 이런 투자 공부에서 찾아낼 수 있습니다. 빅7 기업의 이야기를 배우고, 그들의 변화를 따라가며, 자녀들이 그 변화를 이끌어갈 준비를 할 수 있도록 돕는 것, 그것이 바로 우리가 이 시점에서 해야 할 중요한 교육 중 하나가 아닐까 합니다.

미국주식 빅7, 10년 전 한 주를 샀더라면

초판 1쇄 인쇄 2025년 1월 7일
초판 1쇄 발행 2025년 1월 13일

지은이 안석훈, 이경민, 홍혜민
펴낸곳 넥스트씨
펴낸이 김유진
출판등록 2021년 11월 24일(제2021-000036호)
주 소 서울시 중구 서애로23 3층, 318호
홈페이지 nextc.kr
전화번호 0507-0177-5055
이메일 duane@nextc.kr

ⓒ 안석훈, 이경민, 홍혜민, 2025

비매품
본서는 《10대를 위한 글로벌 빅테크 수업》(2025)의 특별부록입니다.